Chiara Calvino   *Andrea Di Giovanni*

Origine, Evoluzione, Estetica
del

CANTO GREGORIANO

Copyright: *© 2009 by Andrea Di Giovanni & Chiara Calvino*
Editore Lulu.com
Prima edizione
ISBN: 978-1-4092-8124-5

PREFAZIONE

L'idea che ha portato alla creazione di questo testo nasce dalla volontà di realizzare un supporto per coloro i quali volessero intraprendere studi che esigono conoscenze di base riguardanti il canto gregoriano.
La passione e la curiosità per questo argomento così affascinante, ci ha indotto inevitabilmente ad approfondirne ed ampliarne i contenuti mettendone in luce aspetti, peculiarità e forme.
Questo testo abbraccia dunque argomenti che, partendo dal profilo storico che fa da sfondo alla nascita del Canto gregoriano, si sofferma sulle definizioni dei concetti base e focalizza l'attenzione sull'aspetto estetico dello stesso. Infine cercheremo di rispondere alla domanda: che fine ha fatto il Canto Gregoriano?
Abbiamo provato così a dare una panoramica generale avvalendoci di testi quali: l'*"Estetica gregoriana" ossia trattato delle forme musicali del canto gregoriano* di **Paolo Ferretti,** validissimo Trattato che espone in maniera organica e sistematica le Forme delle melodie gregoriane, il quale ci ha fornito materiale insostituibile per la composizione di questo testo.

ABBREVIAZIONI E SIGLE

Attuali edizioni di Canto Gregoriano

GR: Graduale Romanum

GT: Graduale Triplex

GN: Graduel Neumè

GS: Graduale Simplex, Editio typica altera, Typis Polyglottis Vaticanis

OT: Offertoriale Triplex cum Versiculis

AR2: Antiphonale Romanum

AM: Antiphonale Monasticum

PsM: Psalterium Monasticum

PM: Processionale Monasticum

V: Deutsches Antiphonale III, Vigiliar, mit einer Auswahl Lateinischer Responsorien

LU: Liber Usualis Missae et Offici

INTRODUZIONE

Cenni storici

Le origini del canto cristiano sono contemporanee alle origini stesse del cristianesimo, purtroppo però gran parte delle melodie dei tempi anteriori al IX secolo sono andate perdute o hanno subito dei profondi mutamenti nel tempo in quanto esse venivano tramandate oralmente, per insegnamento mnemonico.

Con la diaspora del 70 d.C, gran parte degli abitanti di Israele, ebrei e cristiani si sparsero in tutto il bacino mediterraneo, favorendo la costituzione delle prime comunità cristiane fra le popolazioni dell'Impero romano di lingua greca e di lingua latina.

Trovandosi a contatto con le usanze religiose e musicali delle varie regioni, il nuovo culto ne fu inevitabilmente influenzato. Si spiega in questo modo la formazione di differenti repertori locali che caratterizzarono i primi secoli del canto cristiano e che furono poi unificati attraverso una lunga azione omogeneizzante.

Progressivamente, prima in oriente e poi in occidente, si svilupparono un gran numero di Chiese (in occidente le persecuzioni dei cristiani volute dagli imperatori romani fino a Diocleziano ritardarono l'espansione del cristianesimo). Fra esse assunse maggiore importanza la Chiesa di Costantinopoli, poi ribattezzata Bisanzio, centro di sviluppo del canto liturgico bizantino dal quale derivano in seguito la musica del rito greco-ortodosso e quella del rito russo.

Dopo l'Editto di Milano (313 d.C), con cui veniva

riconosciuto il diritto alla libertà di culto ai cristiani, si assistette al conseguente sviluppo delle strutture giuridiche e organizzative della Chiesa le quali ebbero riflessi anche nel campo liturgico: si ampliò la Messa di nuovi canti e si stabilì la struttura dell'Ufficio, ossia dell'insieme delle preghiere comunitarie per le varie ore del giorno (Mattutino, Lodi, Vespri ecc). Il Canto gallicano (nella zona francese), mozarabico (nell'attuale Spagna), ambrosiano (nei territori che facevano capo a Milano), sono alcuni fra i tanti repertori delle celebrazioni liturgiche cristiane che si svilupparono in concomitanza con il canto romano antico. In questa fase storica, dunque, non esisteva ancora una liturgia omogenea accompagnata da un'unica tradizione musicale. Esiste una leggenda secondo cui Papa Gregorio Magno (590-604) sarebbe stato l'inventore del canto che da lui avrebbe preso nome. Egli fu il riformatore del culto cristiano: disegnò l'anno liturgico e provvide alla redazione dei testi dei primi Antifonari, ma tutto ciò non aveva nulla a che fare con la musica, a maggior ragione che i primi segni di scrittura compaiono solo due secoli dopo la sua morte.

Le ricerche musicologiche, avvalorate dallo studio delle fonti musicali e dal loro confronto con i dati storici, hanno accreditato l'ipotesi che il **Canto Gregoriano** (chiamato anche: *romana cantilena, canto piano, canto misurato, canto latino, ecclesiastico* o anche *vetero romano*), avesse avuto origine dalla fusione avvenuta in epoca Carolingia, verso la fine del secolo VIII, fra il repertorio antico Romano e il Gallicano, a seguito delle vicende che portarono alla creazione del Sacro Romano Impero. Il nuovo canto, come la nuova fisionomia politica dell'Europa, fu imposto d'autorità soppiantando gli altri repertori. Il canto liturgico iniziò così ad appoggiarsi a un supporto scritto con l'intento di trasmettere il canto gregoriano immutato nei secoli. Inizialmente (IX secolo) furono sacerdoti e i diaconi a servirsi di segni convenzionali (neumi) sui libri liturgici, in seguito furono compilati manoscritti non solo per i celebranti ma anche per gli stessi cantori che costituivano le *scholae cantorum*. Con l'introduzione del tetragramma e la definizione delle note, si assistette, paradossalmente, al declino del canto gregoriano in quanto, una volta sostituita la memoria con la lettura delle note, il canto divenne matematico perdendo così la caratteristica riguardante l'integrità e il significato.

Nel 1833, **Dom Guèranger**, fondatore dell'abbazia di **Solesmes**, affronta l'opera di restaurazione del canto gregoriano.

I primi studi di comparazione tra i manoscritti antichi, furono continuati da **Dom Pothier** e in seguito da **Dom Mocquerau** che sviluppò questa impresa scientifica costituendo una collezione di fac-simile dei principali manoscritti di canti, racchiusi nelle biblioteche europee. A lui si deve l'edizione "**Paleografia Musicale**" (1889), nella quale è esposta e applicata la dottrina del ritmo gregoriano.

A Guido d'Arezzo si deve l'invenzione delle note che egli ricavò dall'Inno San Giovanni, prendendo le iniziali di ciascun verso, ossia la sillaba iniziale delle parole latine di ciascun rigo. "Affinché i tuoi servi possano cantare a corde spiegate le tue mirabili gesta, togli la colpa che contamina il labbro, o San Giovanni".

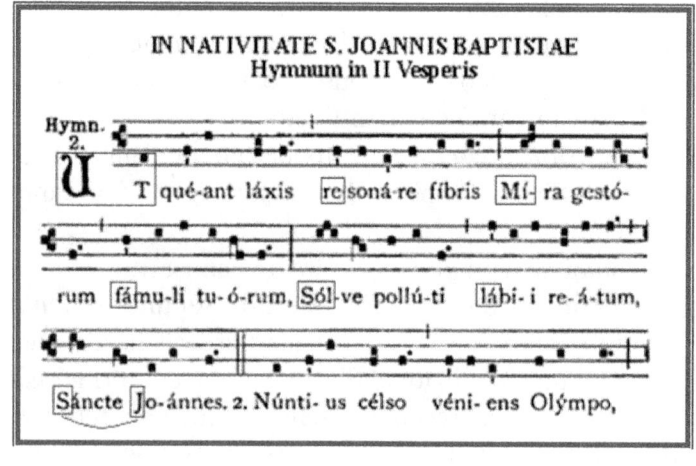

LA MONODIA LITURGICA CRISTIANA

Forme del canto cristiano

Le forme del canto cristiano dei primi secoli furono: la *cantillazione*, la *salmodia* e lo *jubilus*.

La *cantillazione ebraica* è una sorta di lettura sillabica intonata nell'ambito di poche note in cui quasi tutte le sillabe del testo erano pronunciate alla stessa altezza. Era usata per brevi recitativi del celebrante, per brevi acclamazioni o risposte dell'assemblea o anche per le letture bibliche. Essa sopravvisse anche nell'epoca della tradizione scritta, infatti, è tramandata dalle fonti musicali.

I salmi dell'Antico Testamento rivestirono un ruolo di primaria importanza nella liturgia israelitica. Essi venivano cantati anche dalle assemblee cristiane in forme diverse: nella *salmodia responsoriale* il solista intonava un versetto, inframmezzato da un ritornello intonato dall'assemblea (*Responsorio*) che continuava a ripetere il primo versetto del solista; nella *salmodia allelujatica* ad ogni versetto letto dal solista l'assemblea rispondeva "alleluia"; nella *salmodia antifonica* i versetti venivano eseguiti in modo alternato dal solista e dall'assemblea; infine nella *salmodia diretta*, il salmo è intonato esclusivamente dal solista;

Lo *jubilus*, infine, era un lungo vocalizzo senza testo spiegato da S. Agostino nel suo "*Commento ai Salmi*" (*Enarrationes in Psalmos*) come "*L'estrinsecazione di un sentimento religioso non esprimibile con le parole, ma*

solo con la musica".
Il vocalizzo senza testo non arrivò all'epoca della tradizione musicale scritta, ma fu molto importante per la formazione del Canto Gregoriano.

Le liturgie occidentali

Tra i più antichi e importanti repertori locali del canto cristiano occidentale bisogna evidenziare il **Romano Antico**, l'**Ambrosiano** (facente capo alla diocesi di Milano), l'**Aquileiese** (o *patriarchino*, proprio del patriarcato di Aquileia), il **Beneventano** (in una parte dell'Italia meridionale), il **Celtico** (in Bretagna e nelle isole britanniche, soppresso prima del VII sec per l'arrivo dei missionari romani); l'**Ispanico** (poi **Mozarabico**), il **Gallicano** (nella Gallia dominata dai Franchi). Tra essi solo due ebbero rilevanza storica: il *Gallicano* e il *Mozarabico*.

Il *Canto Gallicano* rimase in uso in Gallia fino all' VIII secolo; conteneva elementi celtici e bizantini.

Il *Canto Ispanico*, che fu chiamato *Canto Mozarabico* dopo la conquista di alcuni territori spagnoli da parte degli arabi, aveva subìto nel V secolo l'influenza dei Visigoti (già convertiti al cristianesimo), i quali avevano in precedenza assimilato usi delle liturgie orientali.

Il *Canto Ambrosiano* invece, (dal nome di S. Ambrogio 339ca-397, prima governatore, poi vescovo di Milano, che ne fu l'iniziatore), è l'unico testimone che vive ancora oggi nella varietà di forme di canto liturgico, che caratterizzò il periodo precedente l'unificazione sostanziale costituita dal **Canto Gregoriano**.

> La tradizione narra che l'Inno Ambrosiano nacque quando S. Ambrogio rimase chiuso con i fedeli nel duomo di Milano assediato dagli eretici ariani nella Pasqua del 386. Egli per cercare di consolare gli animi del popolo e alleviare l'attesa, insegnò ai fedeli il canto degli Inni, così come veniva praticato in Oriente, cioè con esecuzione Antifonica (per cori alterni).
> Da qui la grande diffusione, anche se la chiesa cattolica romana li avrebbe accolti più tardi e ne avrebbe limitato l'uso all' Ufficio.

Origini e caratteristiche del canto gregoriano

Il **Canto Gregoriano**, alla base della civiltà musicale occidentale, è quel repertorio di canti monodici liturgici con testo latino della Chiesa cattolica romana che, come già accennato, fu messo per iscritto in età carolingia e nei secoli immediatamente seguenti.

Questo repertorio segue ogni parte della liturgia romana e comporta una grande varietà di forme:
per le preghiere, Epistole e Vangeli vengono adottati dei semplici toni recitativi con leggére inflessioni terminali; la salmodia viene utilizzata per l'intonazione di Salmi e cantici; i Salmi vengono collegati al calendario ecclesiastico per mezzo delle antifone; gli Inni e gli Uffici sono caratterizzati da melodie sillabiche; la Messa è caratterizzata da sequenze; i graduali e gli alleluia nei *Proprio*[*], abbondano di melodie melismatiche, come anche in molti contesti del Kyrie e dell'Agnus Dei nell'*Ordinario*.

L'assenza del ritmo è l'elemento caratteristico del canto gregoriano, esso si serve di un ritmo libero che può essere definito "oratorio" poiché strettamente legato alla parola. Inoltre, era privo di accompagnamento

strumentale, affidato rigorosamente alle sole voci, in quanto preghiera (era uno scandalo in quei tempi fare entrare in chiesa uno strumento musicale).
Il gruppo embrionale di *chorus* è identificato nella *Schola cantorum* che fu istituita da Papa Gregorio Magno sull'esempio della *Schola lectorum* di Papa Silvestro I. I *pueri cantores* erano sottoposti a nove anni di studio intenso durante i quali apprendevano la lettura e la dizione dei testi imparandone a memoria le musiche per, a sua volta, tramandarle.

Con il termine *Proprio* e *Ordinario* si indicano rispettivamente i canti della Messa che vanno divisi in due gruppi: le *parti fisse* e le *parti mobili*. Le *parti fisse* sono quelle che mantengono inalterato il testo per tutto l'anno liturgico. Le "parti mobili" invece mutano il testo in relazione al periodo dell'anno liturgico e alle solennità religiose.

	Ordinario	Proprio
Prima Parte	- Kyrie - Gloria (non in tempo di Quaresima) - Credo	- Introito - Orazione del Sacerdote - Colletta - Prima lettura - Graduale - Alleluya (Tratto in periodo di Qaresima) - Sequenza - Vangelo
Seconda Parte	- Santus - Agnus Dei	- Offertorio - Orazione - Prefazio - Communio

LA NOTAZIONE NEUMATICA

Dai neumi in campo aperto alla notazione diastematica

Come già accennato, nel 900 in tutta Europa si manifestò l'esigenza di mettere per iscritto le melodie affidate alla memoria dei cantori fino a quel momento. Dall'osservazione dei più antichi segni musicali è possibile ricavare il numero delle note cantate su ciascuna sillaba e il disegno melodico. I primi codici contengono una notazione in campo aperto, cioè senza rigo (**adiastematica**), che presuppone la conoscenza della melodia da parte del cantore, invece, la **diastemazia**, cioè l'indicazione degli intervalli melodici, verrà solo più tardi in momenti differenti ed a seconda delle regioni.
Si possono individuare tre fasi dell'evoluzione dei manoscritti del canto gregoriano:
VIII sec: tradizione puramente letteraria dei soli testi dei canti senza alcuna notazione musicale (*Antiphonale Missarum Sextuplex*);
X sec: gli stessi testi con notazione in campo aperto;
Dal X-XI sec in poi: i segni musicali vengono tracciati con riferimento ad una linea inizialmente immaginaria, poi tracciata a punta secca alla quale si aggiungono una o più linee, una delle quali viene colorata per distinguere il grado sopra il semitono: linea rossa per il FA e linea gialla o verde per il DO (metodo diffuso da Guido d'Arezzo nel XI sec).

Semiologia gregoriana

Intorno agli anni 60, in seguito studi approfonditi presso l'Abbazia di Solesmes, si cominciò a comprendere che le notazioni neumatiche antiche avevano un valore estremamente significativo. Questa notazione non viene più considerata come una forma incompleta e imperfetta, ma come la trascrizione grafica di una prassi esecutiva orale. Lo studio della notazione antica aveva come scopo principale la ricostruzione di tale prassi esecutiva di cui la scrittura è espressione diretta.

Il frutto di tali studi si può riscontrare nella **Semiologia Gregoriana** pubblicata nel 1968 da Dom Eugène Cardine.

Le attuali edizioni di Canto Gregoriano

Le edizioni attualmente in uso per tutta la Chiesa o per le comunità monastiche vengono distinte in edizioni ufficiali (*editio typica*) e non ufficiali o private (*editio iuxta typica*), che seguono comunque il modello delle edizioni ufficiali: le edizioni ufficiali furono stampate ed edite **dalla Tipographia Polyglotta Vaticana** (*Edizione Vaticana* o semplicemente *Vaticana* (Vat). In questa edizione le melodie sono scritte sul tetragramma con la notazione quadrata.

Le più importanti edizioni di canto gregoriano (non ufficiali ma che godono dell'approvazione ecclesiastica):

PM: Processionale Monasticum, Solesmes 1893 (ristampa 1983). La ristampa omette i canti rinvenibili in altre edizioni. Alcuni canti portano la descrizione dei neumi san gallesi del codice Hartker.

LU: Liber Usualis Missae et Officii, Tournai 1903. Questo libro non più ristampato dopo il Concilio Vaticano II ma ancora oggi diffusissimo, riuniva le varie parti della messa e dell'Ufficio nell'ordine in cui esse ricorrevano durante il giorno e l'anno liturgico: si trattava in sostanza di una raccolta sistematica e cronologicamente ordinata, tratta dai principali libri liturgici (Graduale, Antiphonale etc.).

AM: Antiphonale Monasticum, Tournai 1934. Contiene il repertorio dell'Ufficio proprio delle comunità di monaci benedettini. Suo diretto precedente è il Liber Antiphonarius (edizione Vaticana) 1912, rispetto al quale esso presenta miglioramenti e correzioni tanto nella notazione quadrata quanto nella versione melodica, entrambe rese più fedeli agli antichi codici.

GN: Graduel Neumè, Solesmes 1966. E' una riproduzione della copia personale del Graduale del 1908 appartenuta ad Eugene Cardine (1905-1988), monaco solesmense, caposcuola dello studio scientifico degli antichi codici condotto negli ultimi trent'anni e denominato *Semiologia gregoriana.*

GR: Graduale Romanum, Solesmes 1974. Contiene fondamentalmente i canti della Messa. La notazione quadrata corrisponde all'edizione Vaticana del 1908, ma i canti seguono l'ordine dell'attuale liturgia postconciliare.

V: Deutsches Antiphonale III, Vigiliar, mit einer

Auswahl Lateinischer Responsorien, Munsterschwarzach 1974. Contiene novantuno Responsoria Prolixa del mattutino, in gran parte editi per la prima volta, tutti melodicamente revisionati. Dove è stato possibile, sono stati trascritti i neumi san gallesi del codice Hartker.

GS: Graduale Simplex, Editio typica altera, Typis Polyglottis Vaticanis, 1975. Contiene canti della Messa (originariamente destinati in gran parte all'Ufficio) particolarmente adatti per le comunità che non possono affrontare i più complessi canti del Graduale Romanum.

GT: Graduale Triplex, Solesmes 1979. Si differenzia dal precedente per l'aggiunta al di sopra e al di sotto del tetragramma dei neumi di due scuole scrittorie, quella metense e quella san gallese. Contiene i canti della Messa. La notazione quadrata corrisponde a quella Vaticana del 1908.

PsM: Psalterium Monasticum, Solesmes 1981. Anche questa edizione è destinata all'Ordine Benedettino: la distribuzione dei salmi segue essenzialmente le prescrizioni della Regola di S. Benedetto. Dal punto di vista della notazione quadrata si segnala l'uso delle nuove grafie che verranno poi "codificate" nell' AR2.

AR2: Antiphonale Romanum, Tomus Alter (Liber Hymnarius cum Invitatoriis et aliquibus Responsoriis), Solesmes 1983. E' il secondo tomo del nuovo Antiphonale Romanum, contenente Inni, Invitatori e alcuni responsori. E' importante per le innovazioni introdotte nella notazione quadrata al fine di renderla più fedele alle antiche notazioni.

OT: Offertoriale Triplex cum Versiculis, Solesmes 1985; si segnala perché contiene gli offertori completi dei loro versetti, da tempo in disuso e non riportati in altre edizioni; inoltre come il GT, riporta la trascrizione curata da R. Fischer, monaco di Metten, dei neumi di scuola metense e san gallese.

I manoscritti dell'"Antiphonale Missarum Sextuplex"

Nel corso della sua storia millenaria, il repertorio "gregoriano" ha attraversato momenti di grande gloria seguiti da un grave periodo di decadenza che ne ha minacciato l'estinzione, scongiurata grazie a un gruppo di studiosi, per lo più francesi, che avviarono un processo di restaurazione partendo dalla radice: recupero degli antichi manoscritti.
Durante questa operazione è da sottolineare la scoperta e il recupero dei sei più antichi codici contenenti i testi dei canti della Messa. Essi furono redatti da Dom Hesbert, monaco di Solesmes (coadiuvato anche da Dom Cardine) nel 1935 nel cosiddetto "**Antiphonale Missarum Sextuplex**". Si tratta di cinque graduali e un cantatorio, organizzati in colonne per meglio confrontare i testi che venivano eseguiti durante le varie giornate liturgiche. I testi erano strettamente legati alle melodie, ne troviamo conferma nel graduale di Corbie, il quale riporta anche il "modo" (*es. I modo: protus autentico etc.*) con cui dovevano essere eseguiti.
Dei sei codici cinque sono ***Graduali***, e uno *Cantatorium*

(cioè comprende solo canti solistici; Graduale, Alleluja e Tractus). Nel caso del manoscritto di *Compiègne* (C) oltre al Graduale, è contenuto anche un **Antiphonale**, il quale costituisce la più antica raccolta di testi contenuti nell'Ufficio delle Ore. Ciascun codice è indicato con una lettera all'inizio di ogni brano del Graduale Triplex (vedi freccia), a indicare i manoscritti dell'Antiphonale Missarum Sextuplex nei quali il testo del brano stesso è riportato.

Questi codici contengono solo testi, ma in realtà presentano un reale interesse anche dal punto di vista musicale: è certo che questi testi erano strettamente collegati a melodie tenute a memoria dai cantori, poichè la tradizione più tarda collega sempre certe melodie a determinati testi. Grazie a questi testi senza notazione si è venuti a conoscenza (a partire dall' VIII sec) del repertorio musicale usato dalla Chiesa romana nella liturgia.

Di seguito i sei codici:

M (*Modoetiensis*) Cantatorium di Monza (II terzo del IX sec)

R (*Rhenaugiensis*) Graduale di Rheinau (verso l'800);

B (*Blandiniensis*) Graduale di Mont-Blandin (VIII-IX sec.);

C (*Compendiensis*) Graduale di Compiègne (II metà del IX sec.);

K (*Corbiensis*) Graduale di Corbie (dopo l'853);

S (*Silvanectensis*) Graduale di Senlis (fine IX sec.).

Tra essi il Graduale di Corbie (K) assume un interesse musicale più preciso poiché in esso è indicato il modo di alcuni canti, in forma abbreviata con due o tre lettere poste sul margine:

AP Authenticus Protus *(I modo)*

PP Plagis Proti *(II modo)*

AD Authenticus Deuterus *(III modo)*

PD Plagis Deuteri *(IV modo)*

ATR Authenticus Tritus *(V modo)*

PTR Plagis Triti *(VI modo)*

ATE Authenticus Tetrardus *(VII modo)*

PTE Plagis Tetrardi *(VIII modo)*.

Seguono due pagine tratte dall'Antiphonale Missarum Sextuplex.

COMPENDIENSIS	(K) CORBIENSIS	SILVANECTENSIS
FERIA. IIII. STATIO AD SANCTOS NEREUM ET ACHILLEUM.	FERIA. II. STATIO AD SANCTOS NEREUM ET ACHILLEUM [CAP.] LXXIIII.	FERIA II. STATIO AD SANCTUM NEREUM ET ACHILLEUM.
ANT. Judica Domine nocentes me expugna impugnantes me adprehende arma et scutum et exsurge in adjutorium meum Domine virtus salutis meae. PSALM. ipsum.	ANT. (Piagis Deuteri.) Judica Domine nocentes me expugna impugnantes me adprehende arma & scutum & exurge in adjutorium meum Domine virtus salutis meg. PSALM. Effunde frameam.	[ANT.] Judica Domine nocentes me. PSALM. Effunde framea.
RESP. GRAD. Exsurge Domine et intende judicium meum Deus meus et Dominus meus in causam meam. ỹ. Effunde framea et conclude adversus eos qui me persecuntur.	RESP. GRAD. Exsurge Domine & intende judicio meo Deus meus & Dominus meus in causam meam. ỹ. Effunde frameam & conclude adversus eos qui me persecuntur.	RESP. GRAD. Exsurge Domine & intende. ỹ. Effunde frameam [1].
OFF. Eripe me de inimicis meis Domine ad te confugi doce me facere voluntatem tuam quia Deus meus es tu. ỹ. I. Exaudi me in tua justitia et ne intres in judicio cum servo tuo Domine.	OFF. Eripe me de inimicis meis Domine ad te confugi doce me facere voluntatem tuam quia Deus meus es tu.	OFF. Eripe me de inimicis meis. ỹ. I. Exaudi me in tua justitia.
COM. Erubescant et revereantur simul qui gratulantur malis meis induantur pudore et reverentia qui maligna locuntur super me. PSALM. Judica Domine nocentes.	COM. (Authenticus Tetrardus.) Erubescant & reverentur simul qui gratulantur malis meis induantur pudore & reverentia qui maligna locuntur adversum me.	COM. Erubescant & reverentur. PSALM. Judica Domine.

74-75

	MODOETIENSIS	RHENAUGIENSIS	BLANDINIENSIS
74	FERIA II	FERIA II.	FERIA II AD SANCTOS NEREUM (fol. 101v) ET ACHILLEUM.
		ANT. Judica me Domine nocentes me expugna. PSALM. ipso.	ANT. Judica Domine nocentes me. PSALM. ipso.
	RESP. GRAD. Exurge Domine et intende judicio meo. (fol. 9) Deus meus et Dominus meus in causa mea. V. Effunde framea.	GRAD. Exsurge & intende. V. Effunde framea & conclude.	RESP. GRAD. Exsurge Domine & intende judicium meum. V. Effunde framea.
		OFF. Eripe me de inimicis meis.	OFF. Eripe me de inimicis meis doce me facere voluntatem tuam. V. Exaudi me in tua justitia.
		AD COM. Erubescant & conturbentur.	AD COM. Erubescant & revereantur simul qui gratulantur malis meis induantur pudore & reverentia qui maligna loquuntur super me. PSALM. XXXIIII.

LA NOTAZIONE ATTUALE DEL CANTO GREGORIANO

Il rigo e le chiavi

Il rigo gregoriano è formato da quattro linee e dai corrispondenti tre spazi intermedi (***tetragramma***).

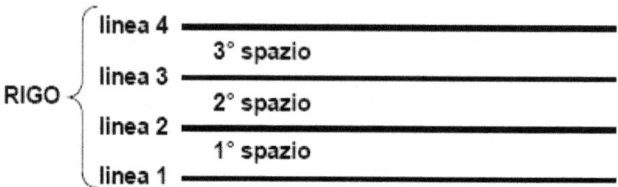

Le chiavi usate sono due: quella di Do e quella di Fa.

La forma delle due chiavi costituisce una stilizzazione della grafia delle lettere C e F che indicano rispettivamente, appunto, le note Do e Fa. Le due lettere si trovano utilizzate come chiavi anche negli antichi codici: la loro scelta è dovuta al fatto che esse individuano le corde cosiddette forti, sotto alle quali si

trova il semitono, rendendo così possibile la lettura. Se la melodia supera l'ambito delimitato dal tetragramma, possono essere adottati i seguenti accorgimenti:
-aggiunta di una linea supplementare al di sopra o al di sotto del rigo:

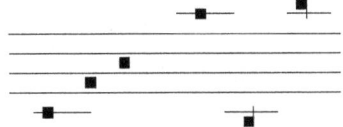

-spostamento della chiave:

-cambiamento della chiave:

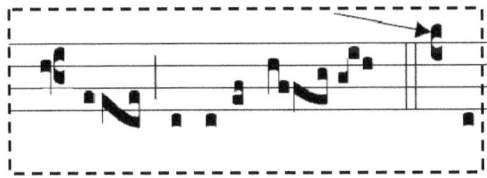

La posizione delle chiavi sul rigo non è fissa: la chiave di Do può trovarsi sulla quarta o sulla terza linea, raramente sulla seconda, mai sulla prima; la chiave di Fa si trova solitamente sulla terza linea.

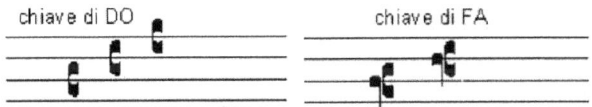

Il custos

Il *custos* appare come una piccola nota quadrata. Esso è posto alla fine di ogni rigo e indica il grado della prima nota del rigo seguente:

La guida può trovarsi anche nel corso di un brano, quando avviene lo spostamento o il cambiamento di chiave.

Alterazioni

I segni di alterazione sono il bemolle e il bequadro, e fanno riferimento esclusivamente alla nota "Si".
L'effetto del bemolle si estende:
-fino a che non intervenga un bequadro:

-fino a un qualsiasi tipo di stanghetta. Nel seguente esempio la nota indicata dall'asterisco è il Si naturale poiché il bemolle precedente conserva la sua efficacia solo fino al quarto di stanghetta;

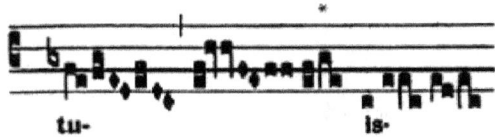

-fino al cambiamento di parola; per conservare il bemolle occorre segnarlo all'inizio di ogni parola:

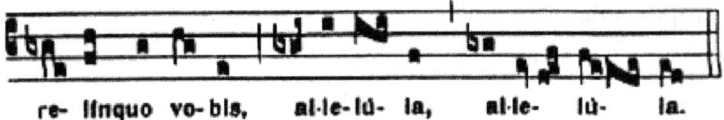

Se l'effetto del bemolle vale per tutto il brano, è possibile porre il segno in chiave, secondo la prassi moderna non gregoriana.

Stanghette

Le stanghette gregoriane si possono paragonare ai segni d'interpunzione del periodo letterario (virgola, punto e virgola, due punti e punto) poiché servono a punteggiare le frasi melodiche:

- quarto di stanghetta (*divisio minima*): delimita, all'interno del periodo musicale, il cosiddetto inciso;

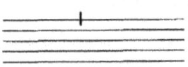

- mezza stanghetta (*divisio minor*): delimita il cosiddetto membro formato solitamente da due o più incisi;

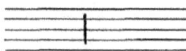

- intera stanghetta (*divisio maior*): chiude un periodo musicale. Il più delle volte coincide con la conclusione di una frase letteraria e comunque ne indica una divisione importante;

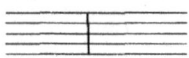

- doppia stanghetta (*divisio finalis*): indica la conclusione del pezzo oppure l'alternarsi di un coro all'altro o del coro al solista, comunemente usato nella prassi esecutiva attuale.

L'asterisco e la crocetta

L'asterisco semplice (*) precisa il punto della melodia in cui entra tutto il coro, unendosi alla schola o al solista; è posizionato dopo l'intonazione dei pezzi. Nella salmodia è usato in senso differente e serve per distinguere i due emistichi, indicando la cadenza mediana del versetto del salmo. Si trova, infine, prima dell'ultimo "*eleison*" del Kyrie, quando la nona invocazione è formata da due incisi.
L'asterisco doppio (**) si trova soltanto nella nona intonazione del Kyrie quando comprende tre o più incisi;

in questo caso, l'asterisco o gli asterischi semplici precedenti indicano l'alternarsi di due semicori e solo il doppio asterisco indica l'unione dei semicori.
La crocetta (†) si trova solo nel primo emistichio di un versetto salmodico particolarmente lungo, a indicare una minima cesura (*flexa*).

La notazione quadrata

La notazione quadrata attualmente in uso nei libri liturgici costituisce una stilizzazione dell'antica notazione quadrata che si sviluppò, a partire dal XII secolo, sulla base delle precedenti forme neumatiche. Essa rispetta, in generale, il raggruppamento delle note originale della notazione antica e si sforza di adeguare la notazione attuale alle differenziazioni grafiche, e quindi interpretative, degli antichi codici.
Salvo diversa indicazione, le seguenti grafie possono trovarsi sia isolate su sillabe, sia in composizione con altre grafie.

■ *Punctum quadrato*: è la grafia base e si trova nei più vari contesti.

❒ *Virga*: non si trova mai isolata su sillaba, ma solo in composizione; indica una nota più acuta della precedente e/o della seguente.

◆ *Punctum romboidale o inclinato*: si trova solo in composizione e viene usato in contesti melodici discendenti di almeno tre suoni.

✦ *Quilisma o punctum dentellato*: non si trova mai

isolato; è l'unica grafia che deriva direttamente dai manoscritti adiastematici e precisamente dal corrispondente segno sangallese.

Pes o podatus: viene letto dal basso verso l'alto e indica due note ascendenti.

Clivis: viene letta dall'alto verso il basso e indica due note discendenti.

Porrectus: indica tre suoni nella successione alto-basso-alto;

Torculus: indica tre suoni nella successione basso-alto-basso.

Scandicus: indica un seguito di almeno tre suoni ascendenti;

Climacus: indica un seguito di almeno tre suoni discendenti.

Altre definizioni:

a.-Se il neuma è seguito da una nota più bassa si avrà il *neuma flexus*:

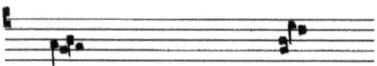

-Se invece segue una nota più alta si avrà il *neuma resupinos*

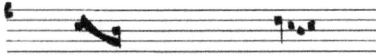

b.-Se il neuma è preceduto da punti si definisce *neuma praepunctis:*

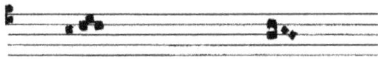

-Se è seguito da punti si definisce *neuma subpunctis (o subbipuntis)*

I **neumi liquescenti**, sono quelli che subiscono modificazioni grafiche mediante la riduzione dell'ultima nota. Sono eseguiti in modo sfumato, semimute o comunque più debolmente rispetto agli altri. I neumi liquescenti si producono nell'incontro di due o tre consonanti.

Sistema ritmico di Solesmes

La Vaticana, in aggiunta alla notazione quadrata su tetragramma, usa le sole stanghette (come si può osservare ad esempio nel Graduale Simplex). Le edizioni solesmensi, invece, contengono altri segni aggiuntivi che costituiscono la base del *sistema ritmico solesmense*. Questo sistema risultò però inadeguato, e pian piano se ne fece uso meno frequentemente, come si può osservare già con il PsM del 1981.

I segni che comprendeva questo sistema erano:

1.Episema orizzontale (*traversum episema*): piccolo tratto che veniva posto orizzontalmente al di sopra o al di sotto di una nota o di un gruppo di note per significare un rallentamento del ritmo;

2.Punto (*punctum-mora*): aumentava il valore della nota a fianco della quale era posto;

3.Episema verticale (*rectum episema*): era un piccolo tratto verticale posto di regola sotto la nota, che segnava l'ictus, ovvero l'appoggio su di una nota ad indicare il cosiddetto ritmo elementare.

Inoltre Solesmes ha aggiunto altri due segni che sono risultati di maggiore utilità:

-*la legatura*: nella Vat. spesso si trovano i quarti di stanghetta posizionati erroneamente. Essendo i segni originali della Vat ineliminabili, si ricorre alla correzione per mezzo delle legature che indicano la continuità del fraseggio. Nel Graduale del 1974 Solesmes ha aggiunto alla Vaticana ottantadue legature.

-*la virgola*: indica un respiro. Contrariamente al significato della legatura, la virgola ha la funzione di supplire alla mancanza del quarto di stanghetta. Nel Graduale del 1974 Solesmes ha aggiunto alla Vaticana, cinquantasei virgole.

CLASSIFICAZIONE DEI NEUMI

Origine dei neumi

Non sappiamo con certezza in quali manoscritti si possono individuare i primi neumi, né siamo a conoscenza della loro forma.
Nel IX secolo, i neumi presentano già molteplici forme, grafie differenti da un codice all'altro, ed è difficile provare che una grafia sia più antica di un'altra. Esistono varie ipotesi, ma la teoria che ha maggiore attendibilità è quella che identifica la derivazione dei segni neumatici dagli accenti grammaticali. Secondo questa teoria, l'origine dei neumi fondamentali, cioè virga e punctum, è da associare all'accento acuto \ e grave / ; dalla combinazione dei due segni derivano tutti gli altri neumi:

pes= accento grave + accento acuto (nota più bassa, nota più alta) = ✓

clivis= accento acuto+accento grave (nota più alta, nota più bassa) = ⁊

porrectus= accento acuto+accento grave+accento acuto (nota più alta, nota più bassa, nota più alta) = ⁇

Un altro aspetto di questa teoria è la considerazione del ruolo che può essere stato svolto nella scelta di determinati segni grafici dalla mimica di un direttore di

coro nel tracciare la melodia attraverso il movimento della mano (*chironomia: dal greco cheir=mano, nòmos=legge*).
Alla base del sistema si trova l'intenzione di tradurre una melodia mediante il gesto e di fissarlo per mezzo del segno grafico.

Neuma monosonico e plurisonico

La misura del neuma è la sillaba, quindi tutte le note sopra una sillaba costituiscono e compongono un solo neuma. Se questo è composto da una sola nota viene detto **monosonico**; se invece è costituito da più note si dice **plurisonico** o *neuma-gruppo*. Le singole note di un neuma plurisonico si chiamano *elementi neumatici*. Secondo il tipo di notazione e il significato musicale possono avere una grafia a tratti congiunti o a tratti disgiunti:

Se gli elementi disgiunti di un neuma plurisonico esprimono una successione indivisibile di note, formanti cioè un'unica entità grafica, costituiscono un **neuma monogruppo**. Se invece formano più entità grafiche, il **neuma** è **poligruppo**.

Esempi

*Neuma
monogruppo*

*Neuma
poligruppo*

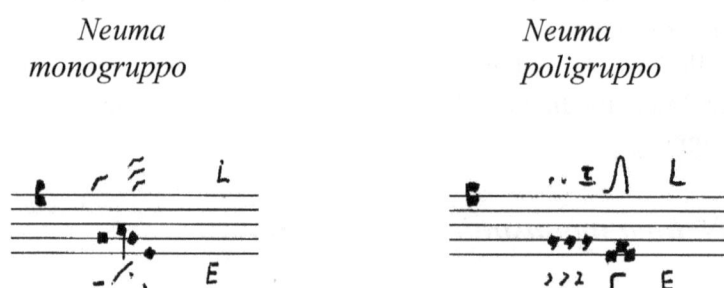

Le famiglie neumatiche

Come già accennato, all'apparire delle prime testimonianze neumatiche, i singoli segni mostrano forme differenziate secondo le varie regioni di provenienza. Una delimitazione di queste regioni non è possibile attraverso comuni criteri geografici o storici, ma viene solitamente fatta dagli studiosi, in apposite mappe neumatiche che indicano la diffusione delle varie notazioni in rapporto alle varie regioni e soprattutto ai più importanti *scriptoria*, centri di scrittori esistiti nel medioevo, solitamente annessi alle biblioteche, non solo dei monasteri, ma anche dei capitoli cattedrali e delle scuole vescovili. L'insieme dei codici notati attraverso un determinato sistema di notazione definisce le famiglie neumatiche.
Bisogna distinguere le notazioni pure da quelle miste. Le prime hanno origine nei più importanti centri scrittori: l'abbazia di S. Gallo, in Svizzera, è una delle più note tra

queste scuole di notazione. La scrittura sangallese ebbe lunga vita e larga diffusione grazie alla sua limpidezza, ma nel tempo, subì delle trasformazioni dovute all'allontanamento dal luogo di origine e dall'assunzione di particolarità proprie di zone vicine, divenendo così notazione mista.
Di seguito le principali notazioni:

Sangallese (S. Gallo ed Einsiedeln, fine sec IX). Adiastematica, di grande interesse ritmico anche grazie ad apposite lettere ed episemi poste vicino i neumi. E' quella che ha più spiccato carattere chironomico. I suoi neumi sono strettamente legati a quelli diffusi in ambito germanico e, in genere, nell'Europa centrale. La notazione sangallese rimane tra le più ricche di indicazioni per le interpretazioni. La maggior parte dei testimoni della scuola sangallese proviene dall'attuale Svizzera tedesca, dalla Baviera meridionale, e dal Wurttemberg, ma ne ritroviamo esemplari anche in Italia, a Monza e a Bobbio.

Metense o *Lorenese* (Metz e Laon sec X). Si è sviluppata nella Francia settentrionale e ha preso il nome della città di Metz. E' considerata per tutto il sec IX un centro di diffusione del canto liturgico. Il più importante testimone di questa notazione proviene da Laon, e la regione in cui essa si diffuse in origine si identifica con la Lorena medievale. La notazione metense si trova diffusa anche molto lontano dal suo luogo d'origine, ad esempio in Italia: a Como e a Vercelli.
La straordinaria concordanza della notazione del ***manoscritto 239 di Laon*** con la notazione sangallese, ne permette la lettura sinottica nel Graduale Triplex. La

scomposizione di molti neumi nelle singole note costitutive, ciascuna rappresentata da un proprio segno staccato da quelli indicante le altre note, consente una diastemazia imperfetta in quanto si accenna approssimativamente all'ampiezza degli intervalli; grande interesse ritmico anche perché grazie alla disgregazione si può indicare facilmente il valore delle singole note.

Carnutense (manoscritto conservato a Chartres ma proveniente dalla Britannia sec. X). Contiene delle possibilità espressive simili ma un po' inferiori a quelli della notazione metense.

Francese comune (varie provenienze sec XI). Quasi adiastematica; con scarso interesse ritmico. Un codice conservato a Montpellier è interessante perché presenta al di sopra della scrittura neumatica una linea di notazione alfabetica che esprime esattamente l'altezza delle note.

Aquitana (fine sec X-XI; tra i suoi centri principali vi è il monastero di S. Marziale presso Limoges). In questa notazione si ha la completa disgregazione; diastemazia perfetta, cioè indicazione dell'altezza esatta delle note, ma nessun interesse ritmico.

Beneventana (Benevento e Puglia sec. XI). Diastemazia perfetta in molti manoscritti. Scarso interesse ritmico.

Nonantola (sec. XI). La disgregazione favorisce la diastemazia imperfetta e il grande interesse ritmico. Moderato l'uso di apposite lettere.

Bolognese (Bologna sec. XI). Notazione adiastematica priva d'interesse ritmico.

Parlando di diastemazia, due notazioni arrivano dunque a essere in grado di esprimere l'altezza assoluta delle note, e cioè, l'Aquitana e la Beneventana. Nella prima i neumi venivano posti al di sopra, al di sotto o in corrispondenza di un'incisione orizzontale detta "linea a secco", tracciata sulla pergamena mediante un punteruolo.
La distanza attentamente calcolata tra ogni segno e la linea a secco, consentiva di leggere l'ampiezza esatta di un intervallo.

Le lettere romaniane o "litterae significativae"

In molti manoscritti delle scuole di San Gallo, Metz e Chartres, i segni neumatici sono attorniati da lettere dell'alfabeto, sigle e abbreviazioni chiamate ***lettere romaniane*** o ***litterae significativae***, le quali forniscono indicazioni sulla direzione della melodia (*a*: altius, i: inferius) o sul ritmo (*c*: celeriter). Risalgono al sec. IX ma se ne attribuiva l'invenzione al leggendario cantore Romano. Il significato delle lettere sangallesi è storicamente accertato grazie alla spiegazione contenuta nella famosa epistola (*Lettera al monaco Lamberto*) di Notker Balbulus, (monaco di S. Gallo 840 ca-912).
La sua contemporaneità alle fonti più antiche ne fa un documento d'importanza fondamentale soprattutto per il ruolo che ha avuto nella scoperta del significato ritmico dei segni, degli episemi e delle grafie neumatiche stesse.
Il manoscritto 381 di S. Gallo, tra i più antichi testimoni, è stato pubblicato nel 1889 da Dom Mocquereau in due tavole del tomo quarto della "Palèographie Musicale", il

volume che contiene il tomo "E", senz'altro il sangallese più ricco di lettere.

A questo proposito si devono distinguere le lettere di S. Gallo da quelle di Laon; non possediamo, infatti, alcuna spiegazione autentica delle lettere metensi, al significato delle quali si può, però, risalire con certezza attraverso lo studio comparativo che ne rivela la sostanziale affinità con quelle sangallesi. La presenza dell'epistola di Notker in un manoscritto del X secolo di provenienza metense, si spiega attraverso le relazioni esistite tra la scuola di Metz e quella di S. Gallo e chiarisce, al tempo stesso, una certa affinità nell'uso delle lettere delle due scuole.

Le *lettere significative* sono state impiegate anche nella trasmissione delle melodie dei recitativi biblici. Questa tecnica è applicata da sempre alla Passione, ancora oggi nelle attuali edizioni a stampa in cui tuttavia il senso originale delle lettere è travisato. In origine le lettere (sempre secondo la testimonianza di Balbulus) indicavano l'ambito melodico della voce con cui erano proclamati i diversi interventi: Gesù era al grave, gli altri personaggi all'acuto a distanza di un'ottava. In un registro intermedio tenorile si muoveva il narratore. Tali ambiti e le modalità esecutive erano segnalate dalle lettere la cui serie più diffusa è "t" = *tenere* (la "t" spesso è sostituita da una sua stilizzazione a forma di "+"), "c" = *celeriter*, "s" = *superius*. Ogni Chiesa poteva tuttavia scegliere la propria serie in un ampio repertorio di lettere, salvaguardando il significato originario. Così in area cassinese-beneventana le parole di Cristo sono precedute da "h" che non sta per "*Hiesus*", bensì per "*humiliter*". A Nonantola le stesse parole sono introdotte da una "d" che non significa "*dominus*", ma "*deprimitur*".

I più importanti manoscritti adiastematici e diastematici

L'elenco che segue comprende le principali fonti manoscritte a partire dai codici con notazione in campo aperto, o adiastematici, che costituiscono lo strumento principale per lo studio del canto gregoriano; seguono i manoscritti diastematici, rilevanti soprattutto per la restituzione melodica.
La maggior parte di essi è edita nella Paléographie Musicale.

MANOSCRITTI ADIASTEMATICI

Notazione sangallese

C   cod. St. Gallen, Stiftsbibliothek 359, verso il 920, *Cantatorium* (PM II/2 e MPG III);

E   cod. Einsiedln, Stiftsbibliothek 121, seconda metà del sec. X, *Graduale* (PM I/4);

B   cod. Bamberg, Staatsbibliothek lit. 6, verso il 1000, *Graduale* (MPG II);

G   cod. St. Gallen, Stiftsbibliothek 339, prima metà del sec. XI, *Graduale* (PM I/1);

SG   cod. St. Gallen, Stiftsbibliothek 376, sec. XI, *Graduale*, inedito;

H   cod. St. Gallen, Stiftsbibliothek 390/391, scritto dal

Monaco Hartker tra il 986 e il 1011, *Antiphonale Officii* (PM II/1);

Notazione metense (o lorenese)

L   cod. Laon, Bibliothèque Municipale 239, verso il 930, *Graduale* (PM I/10);

Notazione bretone

Ch   cod. Chartres, Bibliothèque Municipale 47, sec. X, *Graduale* (PM I/11);

Notazione francese (dell'Ile de France)

MR (N) cod. Mont-Renaud, collezione privata, seconda metà del sec. X, *Graduale-Antiphonale* (di Noyon) (PM I/16);

Notazione dell'Italia centrale (bolognese)

RA   cod. Roma, Biblioteca Angelica 123, sec. XI primo terzo, *Graduale-Troparium* (PM I/18);

Notazione beneventana

Bv 33   cod. Benevento, Biblioteca Capitolare 33, sec. X-XI, *Graduale* (PM I/20 e MPG I);

VL   cod. Città del Vaticano, Biblioteca Apostolica Vaticana Vat. Lat. 10673, sec. XI, *Graduale* (PM I/14);

MANOSCRITTI DIASTEMATICI

Notazione beneventana

Ben 34   cod. Benevento, Biblioteca Capitolare 34, sec. XI-XII, *Graduale-Troparium* (PM I/15);

Notazione aquitana

Al   cod. Paris, Bibliotheque National latin 776, sec. XI, *Graduale-Troparium* (di Albi) (edizione private a cura di G. Joppich per i corsi di canto gregoriano di Essen e Cremona);

Y   cod. Paris, Bibliotheque National latin 903, sec. XI, *Graduale-Troparium* (di Sait-Yrieix) (PM I/13);

Notazione metense (di Klosterneuburg)

Kl   cod. Graz, Universitätsbibliothek 807, sec XII, *Graduale* (di Klosterneuburg) (PM I/19).

Notazione francese e alfabetica

Mtp   cod. Montpellier, Bibliotèque de la Faculté de Médicine H. 159, sec. XI, *Graduale* (PM I/8).

ESTETICA GREGORIANA

Il monastero di Solesmes, culla della rinascita gregoriana.

Caratteristiche delle melodie e degli intervalli

La melodia gregoriana si muove per grado congiunto e in un ambito ristretto. Questo si può notare dal fatto stesso che la notazione si serve di un tetragramma, non di un pentagramma, e che nelle sue composizioni, si trova raramente la linea supplementare al di sotto e al di sopra di essa. La quinta può ritenersi l'intervallo massimo diretto. Principalmente la quinta ascendente è tra le più ricorrenti intonazioni gregoriane, soprattutto all'incipit di un brano o di un versetto di Graduale.

La sesta allo stato diretto invece si può incontrare raramente e solo nel passaggio da una sillaba all'altra.

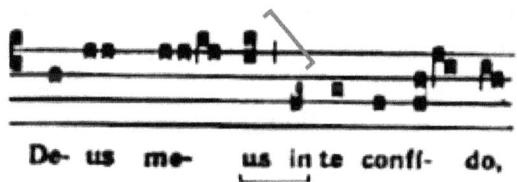

E' possibile trovare intervalli più ampi solo al di fuori del repertorio gregoriano autentico, cioè nelle composizioni di più recente formazione, come, ad esempio, nella Sequenza di Pentecoste *"Veni Sancto Spiritus"*.

Esempio di intervallo di ottava:

I manoscritti dell'anno mille giunti fino a noi, testimoniano modificazioni melodiche rispetto ai canti originali. Questo è attestato sia da fonti diastematiche attendibili che dallo studio delle fonti neumatiche scritte.

Le formule melodiche gregoriane

I brani gregoriani appaiono formati da innumerevoli motivi adattabili a testi differenti. Questi motivi prendono il nome di **formule** e costituiscono la struttura delle melodie gregoriane, ripetendosi in una serie di combinazioni in ogni punto del repertorio. Esse sono perciò denominate *formule vaganti*, o anche *emigranti*, e rappresentano l'elemento più tradizionale e più caratteristico dell'arte classica gregoriana. Vi sono formule particolari e proprie di questa o di quella melodia. L'ampiezza delle formule non è fissa e assoluta ma può variare: da un minimo di due note si può arrivare fino a una frase intera.

Secondo la tonalità ci sono formule differenti per ciascuno degli otto Modi. Esse sono presenti specialmente nelle intonazioni e nelle cadenze finali o principali.

Nei canti neumatici in particolar modo, ricorrono delle formule piuttosto brevi che non appartengono ad una determinata tonalità o a qualche tipo melodico particolare; esse sono comuni a tutti i Modi e a tutti i tipi, si chiameranno perciò *atonali*.

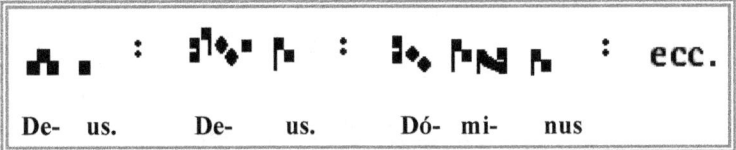

In base alla loro posizione nella composizione, le formule sono distinte in tre categorie:

- *formule iniziali* o *introduttive (*dette anche *initium)*;
- *formule centrali* o *mediane*;
- *formule terminative, chiusive, finali,* (dette anche *cadenze).*
-
Tra queste formule le più importanti sono le *iniziali* (*intonazioni*) e le *terminative* (*cadenze*) poiché sono destinate a caratterizzare il modo e il tipo della melodia.

Le formule toniche, salmodiche e atone

Le formule considerate nella loro struttura fondamentale, indipendente dallo stile, dalla tonalità e dalla posizione che occupano, si distinguono in tre categorie: *formule toniche; formule salmodiche; formule atone (o vocaliche).* Le prime due hanno una stretta relazione di dipendenza con l'accento tonico; in quelle della terza categoria tale relazione o è nulla, o si riduce a valenza secondaria, e perciò esse possono giustamente chiamarsi *atone*, o anche vocaliche. Poiché si tratta di vocalizzi, si aggiungono all'ultima sillaba di una parola sotto forma di "*coda*".

- **Formule toniche:** riflettono la natura stessa dell'accentuazione latina la quale consta di una elevazione seguita da una deposizione:

> *A'(elevazione) – B (deposizione)*

In un *quadrisillabo parossitono* si hanno due elevazioni, seguite da relative deposizioni. La prima elevazione avviene sulla sillaba iniziale e la seconda, principale, sulla terza sillaba.

> Schema: A' (elev.) – B (dep.) – C''- (elev.) – D (dep.).
> Esempio: u-   ni-   vér-   sus

Su questi due tipi di accentuazione sono state modellate due formule melodiche toniche:

> *Formule toniche a una elevazione (un accento): A'-B*
> *Formule toniche a due elevazioni (due accenti): A'-B-C''-D.*

Le formule che si presentano secondo questi schemi, si dicono *formule toniche senza preparazione*. Vi sono anche alcune formule nelle quali la nota o il gruppo di elevazione è preceduto e preparato da uno o più elementi melodici. Questo tipo è basato sulle parole *trisillabe parossitone*, nelle quali la sillaba accentata è preceduta e

preparata da una sillaba atona a essa strettamente unita.
Le formule di questo tipo si chiamano *formule toniche con preparazione*. Nei canti sillabici la preparazione può essere di una, di due o anche di tre sillabe; nei canti neumatici e fioriti essa per lo più è di una sola sillaba.
Le formule toniche con preparazione sono generalmente a un solo accento o elevazione; non mancano però casi di formule a due elevazioni che hanno anche la preparazione.

SCHEMA DELLE FORMULE TONICHE:

I. Formule toniche a una elevazione (un accento):

- *senza preparazione:* ***A'-B***

- *con preparazione:* ***a: A'-B***

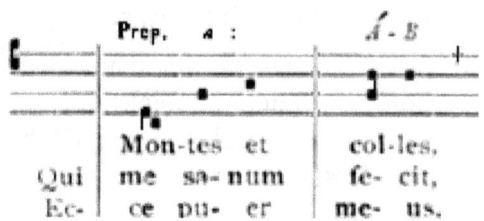

II. Formule toniche a due elevazioni (due accenti):

- *senza preparazione:* **A'-B -C"-D**

- *con preparazione:* **a: A'-B -C"-D**

- *Formule salmodiche*

Sono dette **salmodiche** le formule destinate al canto dei Salmi (ma troviamo queste formule anche nelle Antifone, negli Introiti, nei Graduali, nei Tractus, negli Alleluja, nei Responsori, ecc.) Esse constano: di una **intonazione**, di un **tenore** *(o corda di recita)*, di una **cadenza**:

A		*B*		*C*
Intonazione	:	*Tenore*	:	*Cadenza*

- *L'intonazione* può essere di una o più sillabe.
- *Il Tenore* è **semplice** (*unisono, rettilineo*) oppure **ornato** con alcuni *podatus d'accento* destinati a rilevare le sillabe principali del testo recitato.
- *La Cadenza* può essere a una o a più *elevazioni* (accenti), con o senza preparazione.

Riguardo allo stile melodico, le formule salmodiche si distinguono in **sillabiche, neumatiche e fiorite.**

I. Formule salmodiche senza preparazione

- *a una elevazione (un accento).*

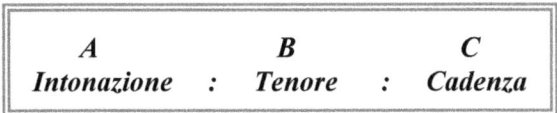

Int.	Tenore		Cadenza	
in	saécu-la saecu-	ló-	rum:
ut	repropi- ti-	á-	ret,
qui	conser-	vá-	ret,
su-	per e-	gé-	num,
non	con-	fún-	dar

- *a due elevazioni (due accenti).*

II. Formule salmodiche con preparazione.

- *a una elevazione (un accento)*

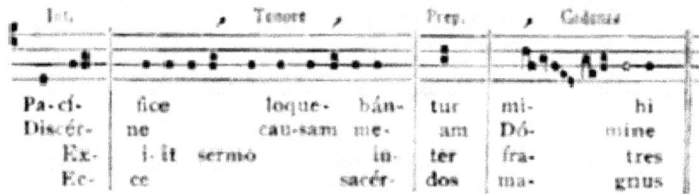

- *a due elevazioni (due accenti).*

(Nei toni salmodici non abbiamo di queste formule perché sarebbero troppo lunghe. Qualche esempio si può trovare nelle frasi delle melodie gregoriane).

Un esempio di formule salmodiche a due elevazioni con preparazione lo troviamo nei due primi versetti degli *Improperia* del Venerdì Santo:

- *Formule atone*

Le formule atone sono caratterizzate da vocalizzi più o meno ampi che si uniscono alla sillaba finale dell'ultima parola di una frase o di una semifrase (sotto forma di coda). Quindi sono classificate come formule cadenzali: es.

VARIE MODIFICAZIONI DELLE FORMULE MELODICHE

Modificazioni che subiscono le formule melodiche

Si è già detto che le formule gregoriane si applicano a testi differenti. E' chiaro però, che ogni testo differisce dagli altri sia per il numero di sillabe che per la disposizione degli accenti, e di conseguenza, per applicare una formula a un determinato testo è necessaria qualche modificazione. Ci sono casi in cui la melodia esige di rimanere intatta; in questo caso sarà il testo a doversi piegare alle esigenze della melodia (questo succede in special modo nei canti neumatici e fioriti).
Le formule si presentano nello *"stato normale"* quando mantengono gli elementi essenziali, e nello *"stato modificato"*, quando è alterato, ovvero, quando gli viene tolto qualcuno dei suoi elementi, oppure ne viene aggiunto qualche altro (sotto questo punto di vista le formule possono essere considerati dei veri e propri temi con variazione).
I tipi gregoriani si modificano in cinque maniere: per **soppressione**; per **addizione**; per **contrazione**; per **divisione** o **dieresi**; per **permutazione**.

-Modificazione per soppressione-

La *soppressione* consiste nel togliere note o gruppi di note a una formula completa. Se le note tolte sono iniziali è detta **apheresis**; se sono centrali o mediane **syncope**; se sono finali, **apocope**.

L'*apheresis* sopprime l'intonazione e anche il tenore alle formule salmodiche che iniziano il pezzo, ma solo in quelle centrali:

(Con il numero 1 identificheremo le formule normali, con 2 le formule modificate)

La **sincope** grammaticale consiste nell'accorciare una parola togliendo una lettera o una sillaba dalla parte centrale, avvicinando così e unendo insieme le parti estreme. Nel canto gregoriano si ha **sincope** quando in una formula di tipo salmodico si sopprime il tenore, restando l'intonazione, la preparazione (se c'è) e la cadenza.

Esempio:

L'*apocope* consiste nella recisione di una o più note alla fine della melodia per adattarsi alla brevità di un determinato testo.

Nei canti sillabici questo fenomeno si verifica per lo più quando: il testo è breve, e finisce con monosillabo o con polisillabo *proparossitono*.

-*Modificazione per addizione*-

E' triplice: la **prosthesis**, l'**epenthesis** e l'**epithesis**.
La *prosthesis* consiste nell'aggiungere una o più note in principio di una formula. Ciò avviene quando il testo è troppo lungo.

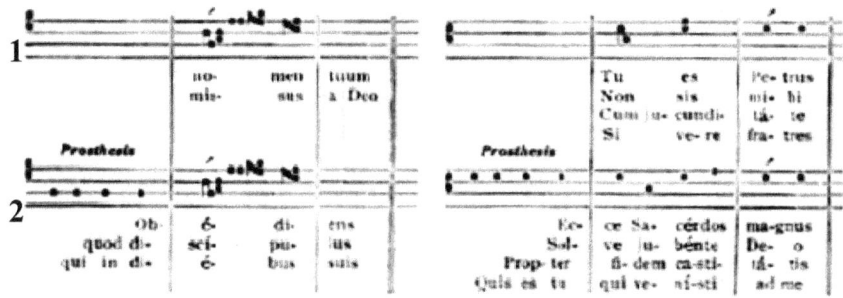

L'*epentesi* consiste nell'aggiunta di una nota o di un gruppo nel mezzo di una formula costruita sull'accento (tonica).

L'epentesi può essere accentata o anticipata: è causata ancora dall'aggiunta di una sillaba non accentata, ma questa volta, la sillaba di accento si sposta sulla nota di epentesi. Di conseguenza la formula:

diventa:

Do - mi - nus

L'*epithesis* consiste nell'aggiungere qualche nota o gruppo alla fine di ogni formula.

-*Modificazione per contrazione*-

La *contrazione* si ha quando gli elementi della melodia, note o gruppi vengono avvicinati a causa della brevità del testo.
Si possono avere tre tipi di contrazione: la **sineresi**, la **crasis** e l'*elisione*.
La **sineresi** consiste nel riunire sopra una sola sillaba più note o gruppi che regolarmente vengono cantati su sillabe distinte.
Nel seguente esempio si possono riconoscere varie

sineresi, determinate dal numero delle sillabe. La fusione del materiale melodico è completa nell'ultimo caso (*rex*), costituito da un monosillabo:

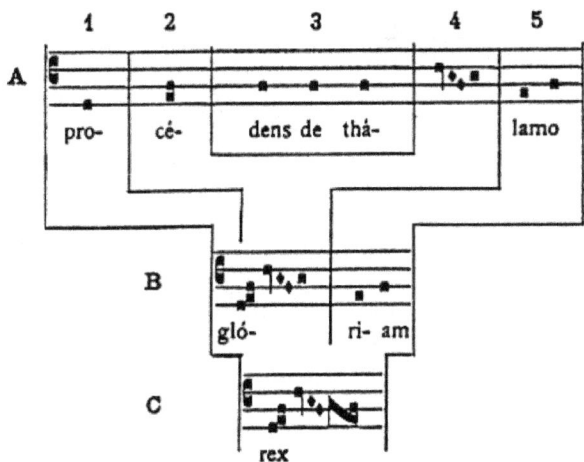

La linea "A" rappresenta lo stato normale della melodia; in "B" è soppresso il Tenore 3 (sincope), e i neumi delle tre colonne 1,2,4 sono riuniti sulla prima sillaba di *gloriam* (syneresis); in "C" abbiamo nuovamente la soppressione del Tenore 3, e i neumi delle colonne 1,2,4,5 formano una nuova e più grande sineresi, sul monosillabo *Rex*.

Quando l'ultima nota di un gruppo e la prima del gruppo seguente si trovano all'unisono, si ha la fusione in un suono unico. Tale procedimento prende il nome di **crasis**.

Essa ha luogo anche nei canti sillabici, quando, per la brevità del testo, due note semplici all'unisono devono aggrupparsi sopra una sola sillaba.

L'elisione si ha quando s'incontrano due vocali uguali, sia tra sillaba e sillaba della stessa parola (*testimoniis*), che tra due parole (*qui te exspectant*). Una delle due vocali viene soppressa, i due elementi melodici restano fusi in un unico gruppo, e vengono così cantati su una sola vocale.
(Gli antichi scrivevano e cantavano: *Kyrie-leison*, invece di *Kyrie eleison*).

-Modificazione per dieresis-

Il fenomeno opposto della *sineresi* e della *crasi* prende il nome di **dieresis**. Esso consiste nel dividere e nel distribuire su più sillabe le note di un gruppo che regolarmente è eseguito su di una sola sillaba.

La dieresi è un atto che, specialmente nei canti fioriti, esige molte precauzioni. La melodia non sempre l'ammette. Gli artisti gregoriani dotati di un gusto finissimo, allo scopo di evitare possibili urti, e di rendere dolce e naturale questa separazione di elementi melodici, spesso hanno introdotto qualche nota tra un gruppo e l'altro:

In 2 le epentetiche, inserite tra le due parti della formula, rendono più scorrevole il passaggio dall'una all'altra sillaba.

-Modificazione per permutazione-

La *permutazione* consiste nella sostituzione di una nota a un'altra.

In "1" abbiamo la formula cadenzale nel suo stato normale; in "2" le due note del *podatus* hanno subìto una lieve modificazione melodica: invece di La-Do abbiamo Si-Do. L'ascesa della prima nota è stata suggerita dalla nota precedente, che è un la (+). Senza questa lieve modificazione si sarebbero avuti due La consecutivi, il che è sembrato alquanto pesante.

La sostituzione dei primitivi Mi e Si con Fa e Do, costituiva una vera permutazione; essa però era dannosa al carattere tonale delle formule e delle melodie gregoriane.

<<Testo di riferimento: Paolo Abate Ferretti, *"Estetica gregoriana ossia Trattato delle forme musicali di Canto Gregoriano"*, I volume, Istituto pontificio di Musica Sacra- Roma 1934>>.

LE COMPOSIZIONI MUSICALI GREGORIANE

Le varie specie di composizioni gregoriane (composizione strofica, salmodica, commatica, monologa e dialogata)

Le composizioni gregoriane si possono ridurre a quattro specie e categorie:

1. Composizione strofica: è la composizione propria degli Inni e delle Sequenze. Nell'Inno tutte le Strofe hanno una identica struttura letteraria; ciascuna di esse risulta composta di un gruppo di Versi i quali contengono un certo numero di Piedi e, in certi casi, anche di Sillabe. Le singole Strofe si succedono in modo autonomo; la melodia della prima Strofa si ripete invariabilmente per tutte le altre strofe. L'Inno dunque, sotto tutti i punti di vista, letterario e musicale, è una composizione *monostrofica*. Nella Sequenza le strofe si succedono abbinate, cioè a due a due, così che ambedue hanno la stessa struttura letteraria e la stessa melodia. I differenti gruppi binari di Strofe possono avere e non avere la stessa struttura letteraria; in ogni caso però o per tutti o per un certo numero di essi la melodia deve cambiare. La sequenza dunque, almeno sotto il punto di vista musicale, è composizione *polistrofica*. Nei canti strofici, specialmente negli Inni, la melodia ha il predominio assoluto sul testo al quale impone le sue accentuazioni musicali ascendenti e discendenti.

2. *Composizione salmodica*: è un genere di composizione della Sinagoga e della Chiesa cristiana; i Greci non la conoscevano. Il Salmo risulta composto da un certo numero di Versetti, ciascuno dei quali è diviso generalmente in due emistichi che si rispondono come un *antecedente* e un *conseguente (parallelismo ebraico)*. La formula musicale si ripete identica in ogni versetto. Sotto questo punto di vista vi è una certa analogia tra la forma musicale salmodica e quella strofica.

3. Composizione commatica: sono le composizioni in cui non si hanno Strofe e Versi propriamente detti, ma incisi o sezioni di struttura libera, aventi un senso più o meno completo. In questo genere di canti la melodia ha stretta relazione col testo; essa tende generalmente a commentare l'espressione verbale. Mentre nei canti strofici e nei canti di struttura salmodica i testi differenti hanno la stessa melodia, nei canti commatici invece ogni inciso, ogni semifrase, ogni frase ha il suo disegno melodico speciale, e le singole sezioni di tutto il pezzo hanno frasi musicali nettamente distinte, perciò le inflessioni musicali del canto commatico hanno uno stretto rapporto di dipendenza con l'accentuazione grammaticale delle singole parole. Appartengono a questa forma di composizione quasi tutti i canti della Messa e dell'Ufficio: le Antifone dell'Introito, dell'Offertorio e della Comunione, il Graduale, e l'Alleluia della Messa, e altri canti del genere.

4. Composizione monologa e dialogata: nella Messa e nell'Ufficio vi sono diversi esecutori delle melodie, e quindi diversi attori. Sotto questo aspetto si possono definire i cosiddetti monologhi e dialoghi. I primi sono i canti a solo del Celebrante, dei Ministri e dei Lettori all'Altare, quali ad esempio il canto del Praefatio, dell'Oremus, del Vangelo, dell'Epistola, delle Profezie ecc. Gli altri sono quelli nei quali il popolo o il coro risponde e alterna col Celebrante o con i Ministri.
Anche il canto del Vangelo è preceduto da un breve dialogo tra il Diacono e il popolo o coro. Il saluto che il Celebrante rivolge al popolo, e la risposta di questi, costituiscono una specie di dialogo.

I PROCEDIMENTI COMPOSITIVI TIPICI

-Melodie tipo-

Come già ampiamente detto, molti brani hanno alla base un medesimo modello o tipo melodico, un'aria tradizionale, che può essere applicata e adattata a vari testi. Questo processo di adattamento è assai diffuso nelle antifone dell'Ufficio, ma trova più ampia esemplificazione nei canti della Messa, dove si incontrano melodie-tipo molto estese: esse si presentano come elaborazioni organiche di formule di intonazione, mediane e finali, saldate tra loro secondo le tecniche di cui abbiamo già parlato. Così ad esempio, sono melodie-tipo i Graduali di II modo (*Tollite portas*, GT 25), i versetti alleluiatici di II modo (*Dies sanctificatus*, GT 49) e di VIII modo (*Ostende*, GT 16). L'adattamento della melodia al testo non è mai meccanico, ma è attento alle esigenze della parola, fonetiche innanzitutto e di comprensibilità, ma anche esigenze liturgiche.

"*...nella vita liturgica della Chiesa la melodia-tipo rappresenterebbe quasi una parentesi che include il mistero della messianicità di Cristo, dalla sua eterna esistenza presso il Padre, al suo farsi uomo, fino alla sua morte e resurrezione*"

Augustoni–Göschl

-*Melodie centone*-

Questo secondo procedimento compositivo si caratterizza e si distingue da quello appena esaminato per la maggiore libertà nell'accostamento delle formule che compongono il centone stesso: non si tratta più di adattare una sola melodia tipica a differenti testi, quanto piuttosto di attingere dal fondo formulare un certo numero di incisi melodici e di costruire, ogni volta, una composizione nuova. La melodia ottenuta appare originale, tale è la sua omogeneità, in realtà si può scomporre in varie parti che, disposte in altro modo insieme con altre formule, possono a loro volta costituire altre melodie autonome. Esempi classici del procedimento di centonizzazione si trovano nei canti dell'Ufficio (antifone e responsori), ma anche della Messa (versetti dei Graduali di V modo, Tratti di II modo e di VIII modo).
Il processo di centonizzazione fu usato prima ancora che

per i canti, per i testi liturgici dunque anche per i testi dei canti stessi: come si può dedurre dall'indicazione posta sul Graduale Triplex al di sopra di ogni canto, il testo del brano è quasi sempre il risultato di una centonizzazione di vari versetti scritturistici.

"I testi di molti Responsori, Introiti, Graduali etc. sono i veri centoni. Se consideriamo soltanto i Salmi che, come si sa, fornirono agli antichi il maggior numero dei testi destinati al canto, possiamo facilmente costatare che non sempre i versetti di un Salmo furono presi secondo l'ordine e l'integrità che presentano nel Salmo stesso: spesso questi versetti furono invertiti, dimezzati, oppure di essi non si presero che pochi e piccoli frammenti. Alle volte l'artista, in presenza di un testo troppo lungo o prosastico, ne ha preso soltanto alcune frasi o incisi più significativi e meglio rispondenti allo scopo che si era prefisso; ne è così venuto fuori un testo breve, conciso, alle volte scultorio di uno stile e di una espressione poetica che doveva molto facilitare la composizione musicale stessa".

Paolo Abate Ferretti, *"Estetica gregoriana ossia Trattato delle forme musicali*

-Melodie originali-

Le melodie originali sono, infine, quelle create per un determinato testo, anche se in verità è difficile trovare interi brani in cui, almeno una melodia, un'inflessione, uno spunto compositivo non siano tratti dal fondo formulare tradizionale:

"questi mosaici sonori ci danno quasi tutti l'impressione

di essere stati composti di getto: ed è questo, senza dubbio, uno dei più bei risultati della tecnica artistica antica".

Eugene Cardine

LA SEMIOLOGIA GREGORIANA COME SCIENZA DELLE FORMULE

Lo studio sulla tecnica formulare, fin qui svolta, ha potuto seguire le ricerche intraprese dai benedettini di Solesmes già negli ultimi decenni del secolo scorso e continuate, in particolare da Paolo Ferretti. L'applicazione rigorosa della comparazione formulare allo studio delle fonti adiastematiche è più recente: essa viene praticata dalla semiologia gregoriana, scienza introdotta da Eugene Cardine. Nella Semiologia, al di sopra del tetragramma sono sempre ricopiati i neumi adiastematici, vengono cioè recuperate le fonti più antiche, che poco o nulla precisano degli intervalli melodici, ritenuti a memoria dagli antichi cantori, ma che sono insostituibili per restituirci il ritmo, l'esecuzione, il fraseggio delle melodie. Gli studi che precedono la semiologia privilegiano l'aspetto statico dei canti: la trascrizione su tetragramma ne è sufficiente supporto. Con la semiologia si accostano sistematicamente fonti adiastematiche e diastematiche, si consolida la consapevolezza dell'insufficienza dello studio delle une senza le altre. A seguito della scoperta del significato profondo dei neumi puri, Cardine riprese quelli che furono gli obiettivi iniziali della scuola solesmense, in particolare di Mocquereau, (obiettivi abbandonati da quest'ultimo, in quanto era necessario un metodo semplice che rendesse nuovamente possibile la diffusione nell'uso liturgico del canto). Quegli obiettivi, dunque furono ripresi da Cardine con metodo scientifico. Gli inizi e i primi sviluppi degli studi cardiniani si possono evidenziare scorrendo il Graduel neumé (Prototipo del Graduale Triplex), il quale è la pubblicazione della copia personale del Graduale Romanum (1908) di Cardine sulla quale egli annotava, sopra il tetragramma, i neumi in campo aperto e una miriade di osservazioni e di rimandi a casi paralleli.

Lo studio comparativo semiologico comincia dai neumi cosiddetti fondamentali, ovvero dai movimenti melodici più semplici.

Alla ricerca s'imponeva un'indagine preliminare: era necessario verificare che l'impiego fatto dal notatore di grafie differenziate fosse dettato da motivi precisi, ovvero fosse coerente. Se la scelta di una grafia non si rivelasse costante, al ricorrere di determinate condizioni, si potrebbe ragionevolmente pensare ad un arbitrio del notatore. E' indispensabile, cioè, verificare la consapevolezza dell'amanuense nel ricorso all'uno o all'altro segno. E' proprio la natura formulare che viene in aiuto ai fini di questa verifica: "*questo controllo è facilitato*" –sosteneva Cardine– "*grazie alle numerose formule melodiche che si trovano nel canto gregoriano*". Si pensi alle melodie-tipo, ai pezzi centonizzati e ai tanti motivi musicali che si ripetono da un capo all'altro di questo immenso repertorio.

E' ovvio che anche i migliori copisti medievali non furono macchine; è necessario comprenderne la mentalità. Per quanto attenti, accade loro di omettere, in un caso, una precisazione che avevano scritto in un altro; al contrario, tuttavia, è assai raro che essi scrivano, nella ripetizione di una formula musicale, una precisazione di senso contrario. Nella grande maggioranza dei casi la loro scelta appare chiara e ciò basta per determinare le costanti necessarie all'applicazione della semiologia.

Differenziazione delle grafie e regolarità del loro differenziarsi sono i capisaldi dello studio semiologico.

Attraverso l'esposizione sommaria del metodo semiologico, è stato così implicitamente distinto la semiologia dalla paleografia. Quest'ultima si occupa della distinzione delle varie grafie, mentre la semiologia ne cerca il significato. La semiologia permette di superare le particolarità di una determinata notazione o famiglia neumatica, consentendo di individuare attraverso i diversi linguaggi usati dai manoscritti l'intenzione comune all'intera tradizione.

L'estetica gregoriana in senso tradizionale, cioè senza il supporto semiologico, è dunque ormai datata. E' recente anche la creazione di un nuovo termine per definire il complesso di ricerche sul fenomeno compositivo gregoriano: si tratta di semio-estetica.

<<Testo di riferimento: -**Fulvio Rampi e Massimo Lattanzi**, "*Manuale di canto gregoriano*", E.I.M.A.-Milano- Editrice internazionale musica e arte 1991>>.

CHE FINE HA FATTO IL CANTO GREGORIANO?

L'abbandono del Canto gregoriano

La Chiesa ha sempre rivendicato la paternità del Canto Gregoriano: in seguito allo storico recupero delle melodie gregoriane e, scoperta l'importanza del ruolo che questo canto svolgeva all'interno della liturgia, sotto la propria responsabilità, si è occupata della pubblicazione delle sue melodie, servendosi della Tipografia Poliglotta Vaticana.
Il Motu Proprio di S. Pio X (22 novembre 1903) affermava: *«Queste qualità si riscontrano in grado sommo nel Canto Gregoriano, che è per conseguenza il canto proprio della Chiesa romana, il solo canto che essa ha ereditato dagli antichi padri, che ha custodito gelosamente lungo i secoli nei suoi codici liturgici, che come suo direttamente propone ai fedeli, che in alcune parti della liturgia esclusivamente prescrive e che gli studi più recenti hanno sì felicemente restituito alla sua integrità e purezza» (n. 3)*.
La Costituzione Sacrosantum Concilium, sulla Liturgia, del Concilio Vaticano II (4 dicembre 1963), ribadiva: *«La Chiesa riconosce il Canto Gregoriano come canto proprio della liturgia romana: perciò, nelle azioni liturgiche, a parità di condizioni, gli si riservi il posto principale» (n. 116)*.
Sulla base di queste dichiarazioni, sembra un paradosso far sparire il gregoriano dalla liturgia, in realtà però, da circa quaranta anni è successo proprio questo!
Fino a quando il canto liturgico è stato praticato in tutte le chiese, in tutti i monasteri e in tutti i conventi

d'Europa, ha servito egregiamente la liturgia cattolica e aiutato i fedeli a pregare. Da quando però il Concilio Vaticano Secondo aveva concesso l'uso della lingua nazionale, si è assistito ad un cambiamento radicale all'interno della liturgia, talmente profondo, da mettere alla porta nientemeno che il Canto Gregoriano. L'idea di accettare la lingua nazionale non era nata per porre fine alla tradizione della Messa in latino, ma semplicemente perché erano cambiate le esigenze di base: mentre nella vecchia liturgia si dava ampio spazio ai momenti di silenzio e di riflessione del sacerdote, il nuovo ordinamento della Messa (il Novus Ordo Missae, promulgato nel 1969 da Paolo VI) privilegiava l'intervento massiccio dei fedeli. Di conseguenza risultava difficoltoso per loro affrontare lunghi momenti di preghiera peraltro in una lingua a loro sconosciuta. L'avvicinamento di massa alla chiesa, ne ha così conseguito l'allontanamento della lingua latina e con essa del canto gregoriano.

Alcuni parroci avevano consentito l'uso di canti moderni durante la messa, alcuni dei quali, purtroppo, in aperta contraddizione con la nuova concezione in quanto esulavano dalle esigenze della liturgia. Sono canti che non aiutano l'elevazione spirituale né accompagnano adeguatamente i vari momenti della Messa.

Il successo del Canto gregoriano fuori dalla Liturgia

Le nuove "esigenze liturgiche" hanno eliminato mille anni di storia, ma mentre in ambito ecclesiale si stava consumando il sostanziale rifiuto, il fascino del gregoriano coinvolgeva il mondo musicologico e musicale che stava facendo vivere al canto gregoriano uno straordinario momento di rinascita.

Sembra doveroso dover citare l'**Aiscgre** (Ass. internazionale studi di canto gregoriano). Trattasi di un'associazione di studiosi e appassionati di canto gregoriano. Venne fondata nel 1975 da un gruppo di gregorianisti allievi di Eugène Cardine, professore per lunghi anni al Pontificio istituto di musica sacra in Roma. Giunto all'età del pensionamento e dovendo rientrare nel suo monastero di Solesmes in Francia, parve bene agli allievi più affezionati fondare quest'associazione in suo onore. L'Aiscgre ha sede a Cremona e da anni si occupa di organizzare corsi di canto gregoriano, pubblica una rivista scientifica ed ha formato numerosi direttori di coro.

Il Canto Gregoriano ha ritrovato negli ultimi anni una popolarità impensata. Gli studi continuati e ampliati al campo laico, hanno contribuito a fornire materiale utilissimo che si è aggiunto a quello fornito in seguito agli studi iniziati nel secolo scorso. Il risultato è stato quello di riportare il canto alla sua forma di purezza primitiva.

Si è assistito a un interesse sempre più vivo da parte di cori amatoriali e professionali (mai come in questi anni la produzione discografica ha avuto un incremento così significativo), ma cosa ancor più importante, proprio negli ultimi anni sembra che si assista alla graduale reintroduzione del canto nell'ufficio della liturgia.

La speranza di un ritorno del Canto Gregoriano nella liturgia

Uno dei sostanziali motivi per cui il Canto gregoriano è stato trascurato e allontanato dalla Liturgia, è che tante volte si ha l'impressione che i pastori della Chiesa sottovalutino le capacità del popolo cristiano nell'apprendimento. L'assemblea un tempo conosceva le melodie gregoriane, e ora è stata quasi costretta a dimenticarle, a vantaggio di altri "canti".

È ovvio che non tutto il repertorio è proponibile al popolo, ma è anche vero che i fedeli non hanno difficoltà nell'imparare a memoria melodie che vengono cantate ripetutamente durante l'anno liturgico.

Per una giusta riforma il primo lavoro da fare riguarda la formazione, innanzitutto del clero, chiamato a sua volta ad essere promotore di musica sacra. Purtroppo però, è triste guardare in faccia la realtà, ma sempre più diffusamente si constata una carenza molto grave proprio nei seminari e nei luoghi di formazione di religiosi e religiose, di una vera educazione alla grande tradizione musicale della Chiesa, anzi spesso della più elementare formazione musicale. Di conseguenza il lavoro da svolgere è ancora più arduo e radicale!

Papa Benedetto XVI, apprezzato pianista e con alte competenze sulla musica sacra, è severamente critico sulle degenerazioni della musica postconciliare e ha dichiarato più volte che intende ridare un posto nella liturgia cattolica alla musica della grande tradizione. Rimprovera peraltro la, spesso, scarsa preparazione dei preti nella lingua latina invitandoli allo studio approfondito, alla comprensione, alla divulgazione ai fedeli e soprattutto alla ri-adozione nella liturgia.

"Mi pare di poter dire che, vista la sua storia, il canto gregoriano soffre ma non teme le nostre inadeguatezze e attende con pazienza un gesto di amore dagli attuali figli di una Chiesa che l'ha pensato da sempre come testimone ottimale della sua fede". Fulvio Rampi

Appendice

Modi gregoriani

I modi gregoriani (derivati dalle armonie greche), sono raggruppati negli *octoechos* ciascuno costituito da una scala diatonica ascendente di otto suoni. Sono distinti in *autentici* e *plagali*. Essi sono caratterizzati dalla posizione diversa del semitono, che identifica i modi: *protus*, *deuterus*, *tritus* e *tetrardus*, ognuno dei quali dà origine al corrispondente plagale, situata una quarta sotto l'autentico. Nelle melodie gregoriane costruite su questi modi le due note caratteristiche sono: la *finalis* (propria di ciascun modo e comune ad autentico e plagale corrispondenti), su cui si chiude la composizione e la *repercussio (o corda di recita)*, attorno alla quale si sviluppa la melodia. Il limite del modo, come estensione è detto *ambitus*. I trattati sul Canto Gregoriano assegnano i numeri dispari I, III, V e VII ai modi autentici, e i numeri pari II, IV, VI e VIII ai plagali. Alcuni teorici usano nomi greci come *Dorico, Frigio, Lidio e Misolidio* per riferirsi ai modi autentici I, III, V, e VII rispettivamente. Per i modi plagali si aggiunge il prefisso *"ipo"* al nome del relativo modo autentico: il II diventa il modo *Ipo-Dorico*, il IV modo l'*Ipo-Frigio*, ecc.

« Il primo è grave, il secondo triste, il terzo mistico, il quarto armonioso, il quinto allegro, il sesto devoto, il settimo angelico e l'ottavo perfetto. »

Guido d'Arezzo

Struttura della salmodia

La lettura salmodica viene intonata, tramite una cadenza iniziale detta *initium*, su una nota detta *nota di recita* o *repercussio* o *tenor* e spezzata, in caso di versetti troppo lunghi, in 2 emistichi (il primo emistichio termina con una cadenza mediana o mediatio e il secondo emistichio riprende con un altro initium).
I singoli emistichi, o il salmo se di breve lunghezza, hanno inoltre una pausa intermedia dovuta alla sintassi del testo che cadenza con una flexa: dopo una mediatio o una flexa, il salmo riprende la recita sulla repercussio (nota di recita). L'intero versetto termina in una fioritura cadenzale detta *terminatio*. Gli otto toni salmodici da cui sono derivati i modi ecclesiastici, erano schemi e formule melodiche su cui si costruivano e intonavano i salmi.

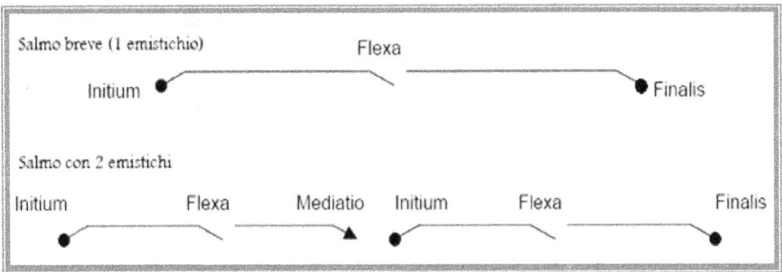

Un salmo è preceduto e seguito da brevi brani detti *antifone*; l'esecuzione è affidata a due cori che si alternano nella recitazione (intonazione antifonale).

Esempi di scrittura adiastematica e diastematica

-San Gallo Cantatorio 359, adiastematica-

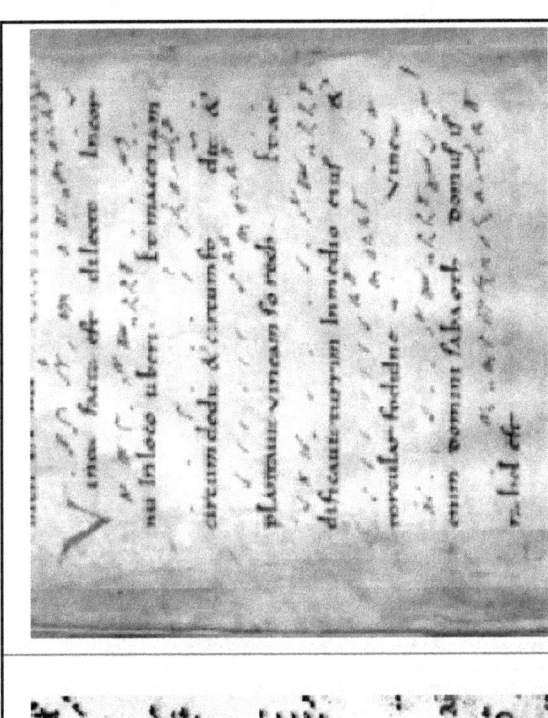

parte del Cantatorium 359 di Sankt Gallen
notazione neumatica sangallese adiastematica
Sankt Gallen (Svizzera), circa 920 d.C.

parte del manoscritto Laon 239
notazione neumatica metense adiastematica
Metz (Francia), circa 930 d.C.

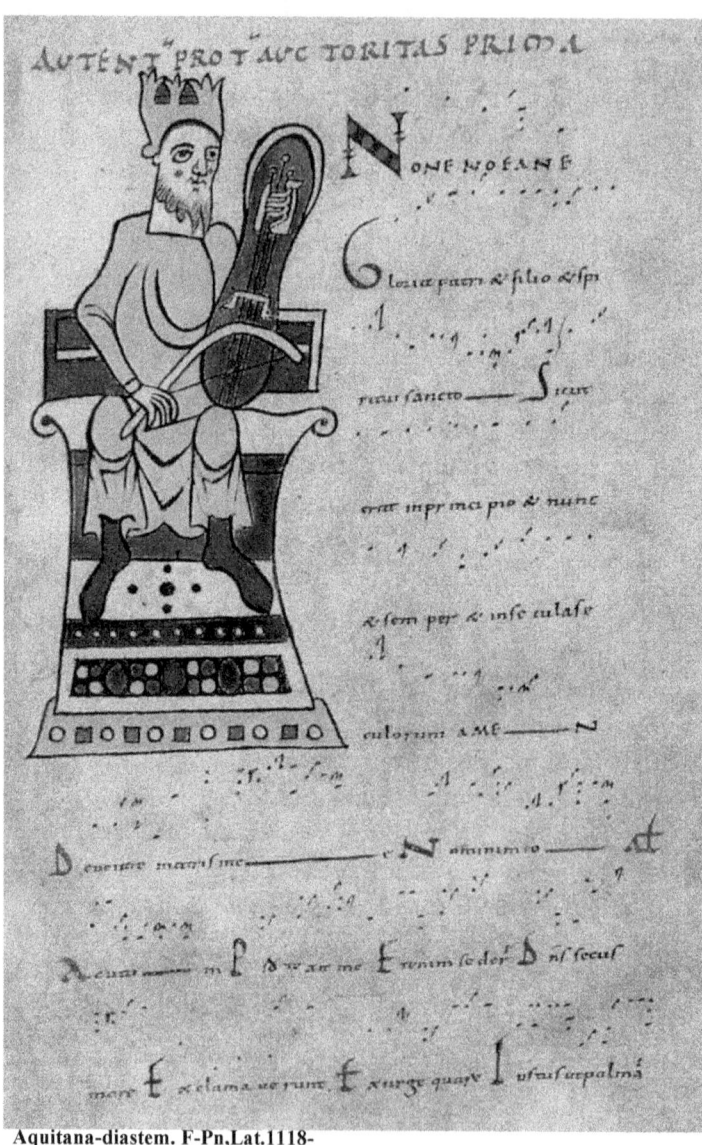

Aquitana-diastem. F-Pn,Lat.1118-

Codice di Graz

Il codice di Graz è stato terminato nel 1160. I segni neumatici sono corredati da segmenti orizzontali di riferimento per l'altezza dei suoni: in rosso il rigo del Fa, in giallo quello del Do.
Data la presenza di righi che identificano direttamente la posizione di alcuni suoni e indirettamente, quella degli altri, si può parlare di notazione *"semidiastematica"*, conseguentemente non è più lecito parlare di notazione in "campo aperto"

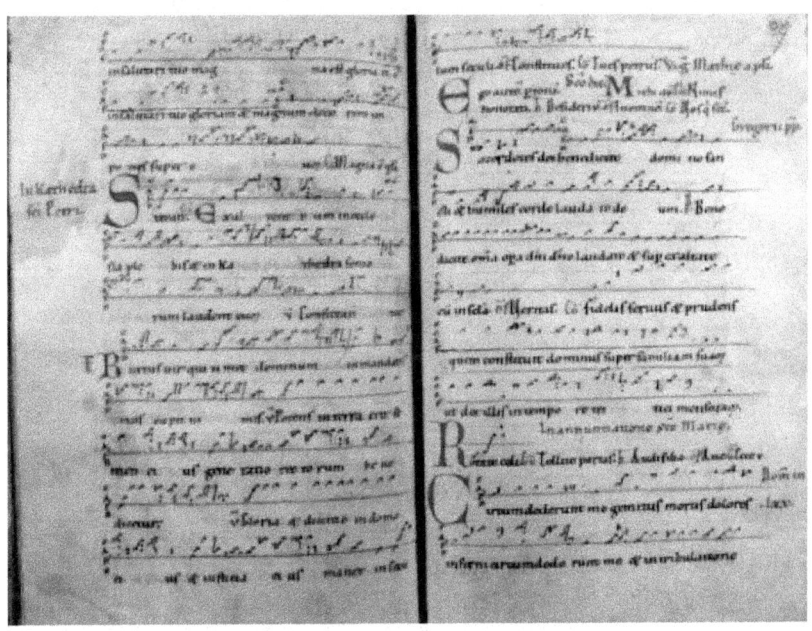

parte del Codice di Graz 807

Canti tratti dal Graduale Triplex

FERIA SECUNDA

Ps. 34, 1. 2. 3 et Ps. 139, 8

Iúdica Dómine * nocéntes me, expúgna impugnántes me: apprehénde arma et scútum, et exsúrge in adiutórium meum, Dómine, virtus salútis meae. Ps. Effúnde frámeam, et conclúde advérsus eos qui me persequúntur [me: dic ánimae meae: Salus tua ego sum.]

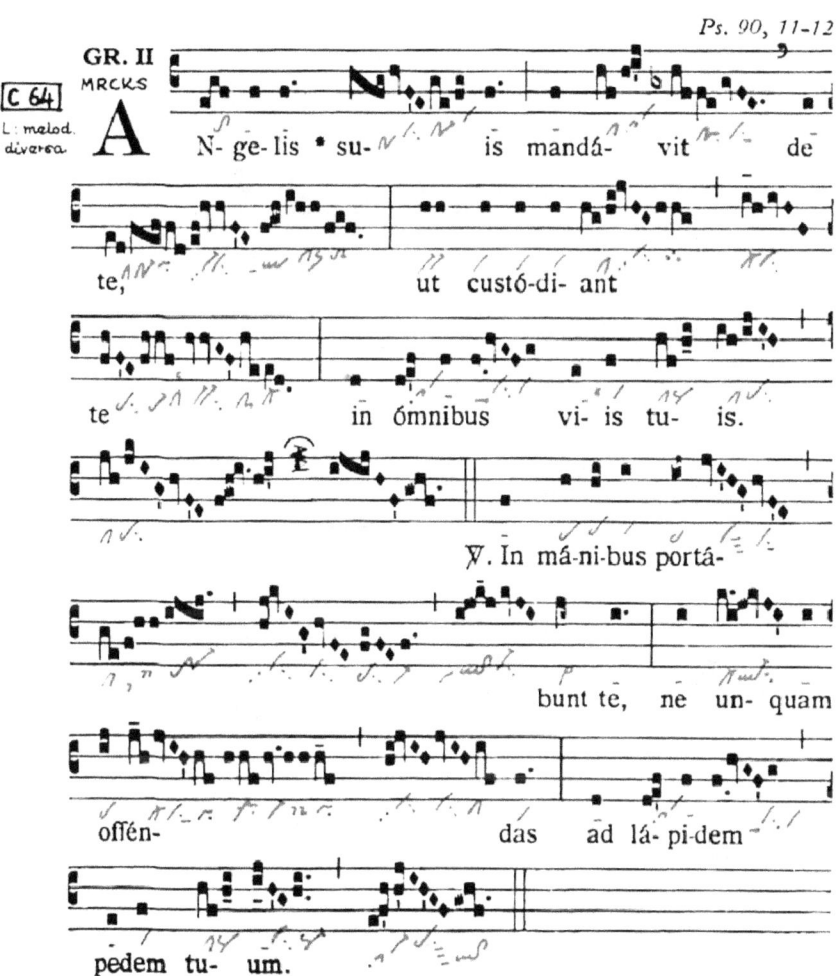

Classificazione generale dei neumi

Nomi dei neumi	Grafie semplici	Grafie differenziate per					Grafie indicanti una particolarità d'ordine	
		aggiunta		modifica			melodico	fonetico
		di lettere	di episemi	del disegno	d. raggruppam. (oł acco)			Liquescenza aumentativa diminutiva
	a	b	c	d	e	f	g	h
1 Virga								
2 punctum et bradulus								
3 clivis								
4 pes								
5 porrectus								
6 torculus								
7 climacus								
8 scandicus								
9 porrectus flexus								
10 pes subbi- punctis								
11 scandicus flexus								
12 torculus resupinus								
13 apostropha								
14 distropha								
15 tristropha								
16 trigon								
17 bivirga et trivirga								
18 pressus								
19 virga strata								
20 oriscus								
21 salicus								
22 pes quassus								
23 quilisma								
24 pes stratus								

Tra parentesi sono state segnate le forme utilizzate solo "in composizione"

INDICE GENERALE

PREFAZIONE..3

ABBREVIAZIONI E SIGLE...............................4

INTRODUZIONE...5

Cenni storici...5

LA MONODIA LITURGICA CRISTIANA................9

Forme del canto cristiano..9

Le liturgie occidentali...10

Origini e caratteristiche del canto gregoriano...........10

LA NOTAZIONE NEUMATICA...........................13

Dai neumi in campo aperto alla notazione diastematica...13

Semiologia gregoriana..14

Le attuali edizioni di Canto Gregoriano..................14

I manoscritti dell'"Antiphonale Missarum Sextuplex"..17

LA NOTAZIONE ATTUALE DEL CANTO GREGORIANO..22

Il rigo e le chiavi..*22*

Il custos...*24*

Alterazioni..*24*

Stanghette..*25*

L'asterisco e la crocetta..*26*

La notazione quadrata..*27*

Sistema ritmico di Solesmes..................................*29*

CLASSIFICAZIONE DEI NEUMI......................**32**

Origine dei neumi..*32*

Neuma monosonico e plurisonico............................*33*

Le famiglie neumatiche...*34*

Le lettere romaniane o "litterae significativae"..*37*

I più importanti manoscritti adiastematici e diastematici..*39*

ESTETICA GREGORIANA..............................**42**

Caratteristiche delle melodie e degli intervalli..........*43*

Le formule melodiche gregoriane..........................*44*

Le formule toniche, salmodiche e atone..................*45*

VARIE MODIFICAZIONI DELLE FORMULE MELODICHE..*52*

Modificazioni che subiscono le formule melodiche..*52*

-Modificazione per soppressione-..........................*52*

-Modificazione per addizione-................................*54*

-Modificazione per contrazione-............................*56*

-Modificazione per dieresis-...................................*58*

-Modificazione per permutazione-.........................*60*

LE COMPOSIZIONI MUSICALI GREGORIANE..*61*

Le varie specie di composizioni gregoriane (composizione strofica, salmodica, commatica, monologa e dialogata)...*61*

I PROCEDIMENTI COMPOSITIVI TIPICI..........*63*

-Melodie tipo-………………...………………....*63*

-Melodie centone-…………………......………....*64*

-Melodie originali-…………………….....……...*65*

LA SEMIOLOGIA GREGORIANA COME SCIENZA DELLE FORMULE……………………………...…*67*

CHE FINE HA FATTO IL CANTO GREGORIANO?..*70*

L'abbandono del Canto gregoriano………………...*70*

Il successo del Canto gregoriano fuori dalla Liturgia……………………………………….............*71*

La speranza di un ritorno del Canto Gregoriano nella liturgia…………………………….........................*73*

Appendice……………………….................................*75*

Modi gregoriani……………………………………..*75*

Struttura della salmodia…………………………….*77*

Esempi di scrittura adiastematica e diastematica..*78*

Codice di Graz....................................*81*

Canti tratti dal Graduale Triplex.................*82*

Classificazione generale dei neumi.................*86*

www.ingramcontent.com/pod-product-compliance
Lightning Source LLC
Chambersburg PA
CBHW060407050426
42449CB00009B/1927